Impressum
Verlag: BABADADA GmbH, Nedderfeld 112 , 22529 Hamburg
Geschäftsführer / Verlagsleitung: Harald Hof
Druck: Books on Demand GmbH, In de Tarpen 42, 22848 Norderstedt

Imprint
Publisher: BABADADA GmbH, Nedderfeld 112 , 22529 Hamburg, Germany
Managing Director / Publishing direction: Harald Hof
Print: Books on Demand GmbH, In de Tarpen 42, 22848 Norderstedt, Germany

School

sekolah

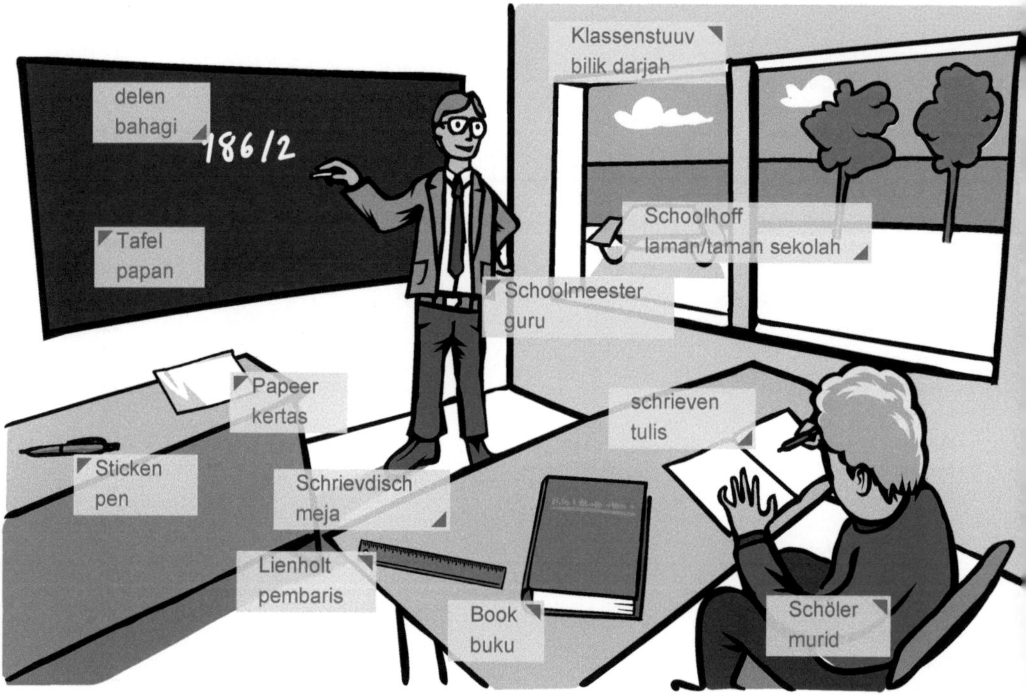
Klassenstuuv
bilik darjah
delen
bahagi
186/2
Tafel
papan
Schoolhoff
laman/taman sekolah
Schoolmeester
guru
Papeer
kertas
schrieven
tulis
Sticken
pen
Schrievdisch
meja
Lienholt
pembaris
Book
buku
Schöler
murid

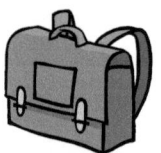

Ranzel

beg galas

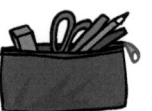

Feddermapp

kotak pensel

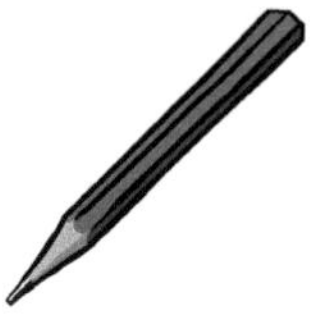

Bleesticken

pensel

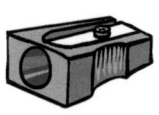

Scharpmaker

pengasah pensel

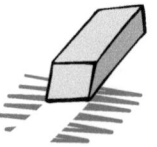

Radeergummi

pemadam

Tekenblock

kertas lukisan

Teken

melukis

Pinsel

berus lukis

Malkassen

kotak warna

Scheer

gunting

Klever

gam

Heft to'n Öven

buku latihan

Huusopgaav

kerja rumah

12

Tall

nombor

2+2

tohooptellen

tambah

5-2

aftrecken

tolak

2×2

malnehmen

darab

reken

kira

A

Bookstaav

huruf

ABCDEFG HIJKLMN OPQRSTU VWXYZ

ABC

abjad

Woort

kata

Text
....
teks

lesen
....
baca

Kried
....
kapur

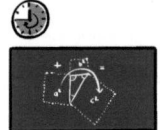

Stunn
....
pelajaran

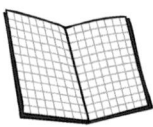

Klassenbook
....
daftar

Pröven
....
peperiksaan

Tüügnis
....
sijil

Schooluniform
....
uniform sekolah

Utbillen
....
pendidikan

Nakieksel
....
ensiklopedia

Universität
....
universiti

Mikroskop
....
mikroskop

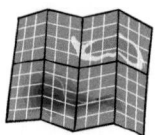

Koort
....
peta

Papeerkorf
....
bakul sampah

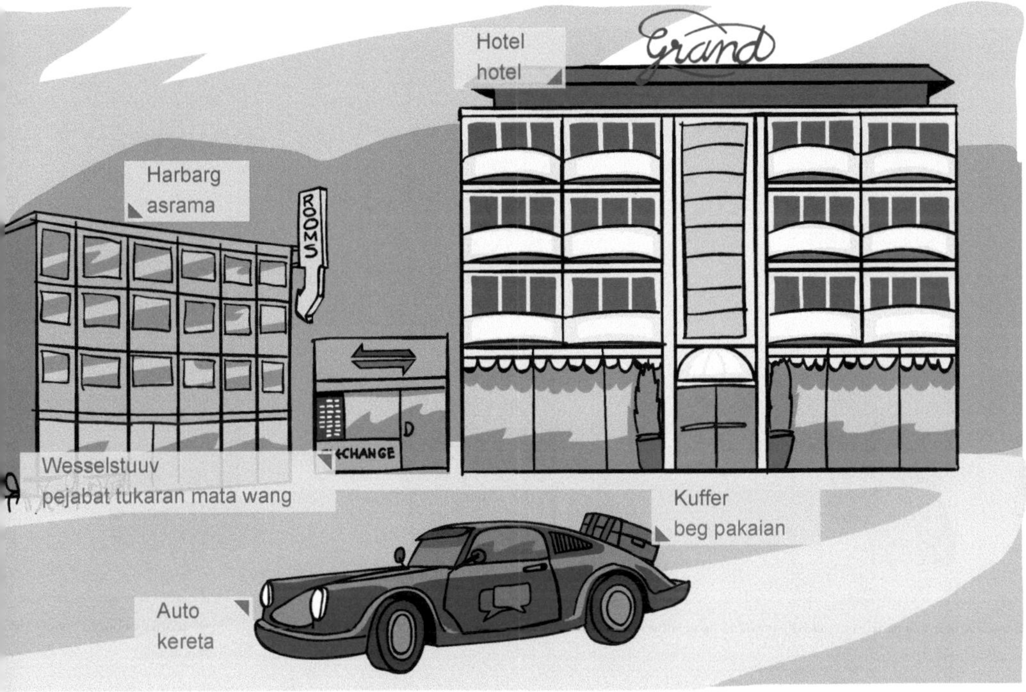

Hotel
hotel
Grand
Harbarg
asrama
ROOMS
EXCHANGE
Wesselstuuv
pejabat tukaran mata wang
Kuffer
beg pakaian
Auto
kereta

Spraak

bahasa

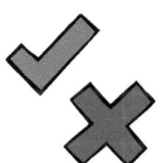

jo / ne

ya / tidak

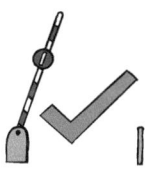

Jo

okey

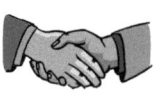

Moin

helo

Översetter

penterjemah

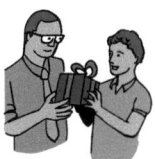

Dank ok

Terima kasih

Wat kost…?

berapa banyak…?

Ik verstah nich

saya tidak faham

Problem

masalah

Goden Avend

Selamat petang!

Moin!

Selamat Pagi!

Gode Nacht!

Selamat Malam!

Tschüüs

selamat tinggal

Richt

arah

Bagaasch

bagasi

Tasch

beg

Rüchsack

beg galas

Gast

tetamu

Stuuv

bilik tidur

Slaapsack

beg tidur

Telt

khemah

Touristeninformatschoon

maklumat pelancong

Strand

pantai

Kreditkoort

kad kredit

Fröhstück

sarapan

Meddageten

makan tengah hari

Avendeten

makan malam

Fohrkort

tiket

Fohrstohl

lif

Breefmark

setem

Grenz

sempadan

Toll

kastam

Bottschop

kedutaan

Visum

visa

Pass

pasport

Transport

pengangkutan

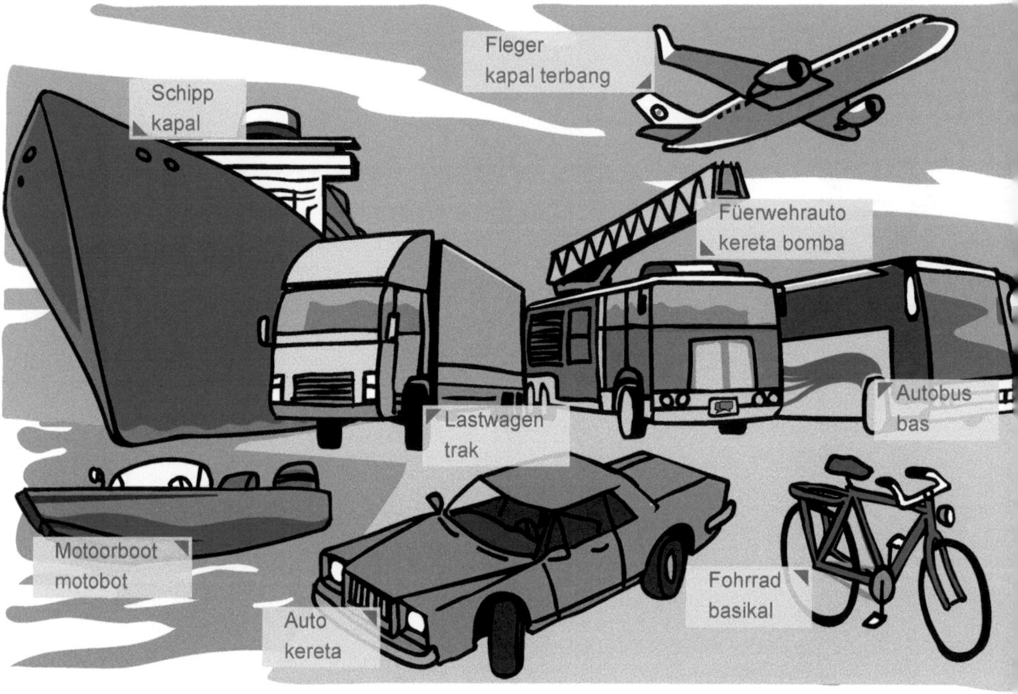

Schipp
kapal
Fleger
kapal terbang
Füerwehrauto
kereta bomba
Lastwagen
trak
Autobus
bas
Motoorboot
motobot
Auto
kereta
Fohrrad
basikal

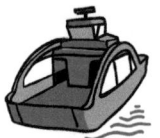

Fähr

feri

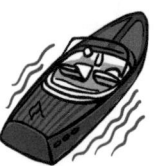

Boot

bot

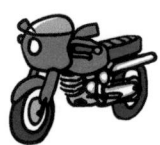

Motoorrad

motosikal

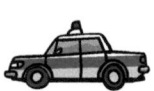

Polizeiauto

kereta polis

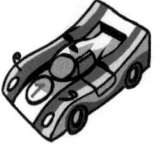

Rönnauto

kereta lumba

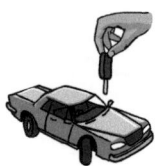

Lehnwagen

kereta sewa

Carsharing

berkongsi kereta

Afsleepwagen

trak tunda

Müllauto

trak menolak

Motoor

motor

Kraftstoff

bahan api

Tanksteed

stesen minyak

Verkehrsschild

tanda trafik

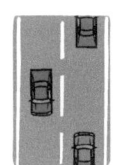

Verkehr

trafik

Stau

kesesakan lalu lintas

Afstellplatz

tempat parkir

Bahnhoff

stesen kereta api

Sporen

trek

Tog

kereta api

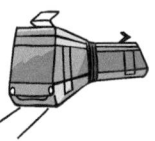

Stratenbahn

trem

Wagon

gerabak

Dwarsmöhl
....
helikopter

Flooghaven
....
lapangan terbang

Tower
....
Menara

Fohrgast
....
penumpang

Grootkist
....
bekas

Karton
....
kadbod

Koor
....
kart

Korf
....
bakul

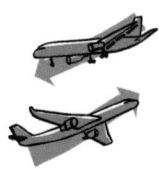

starten / lannen
....
berlepas / mendarat

Stadt
bandar

Dörp
....
kampung

Binnenstadt
....
pusat bandar

Huus
....
rumah

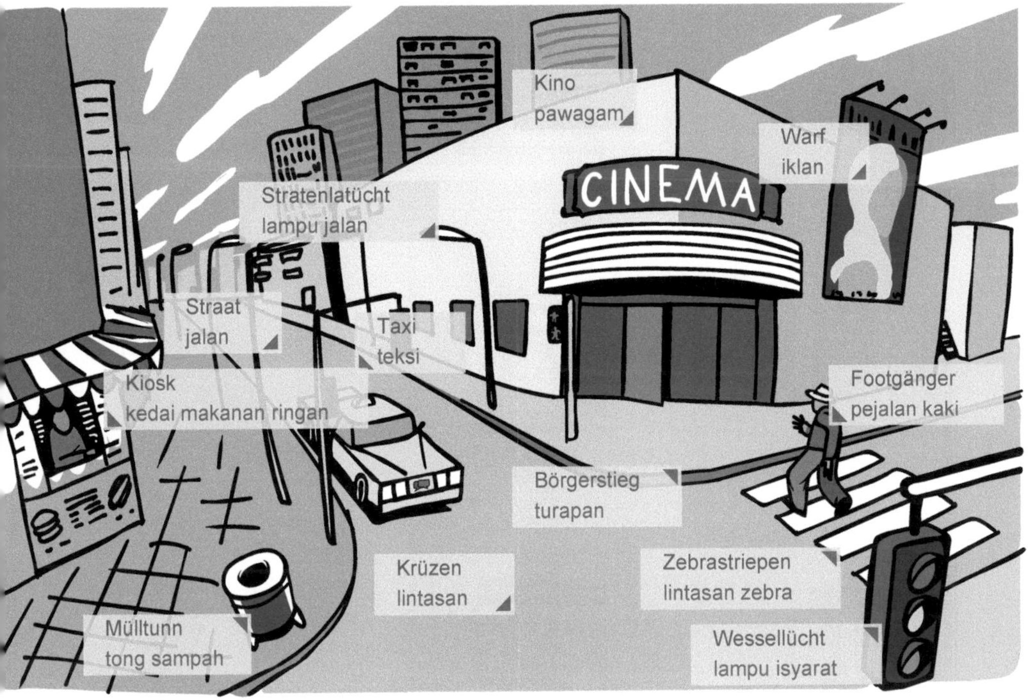

Kino
pawagam

Warf
iklan

Stratenlatücht
lampu jalan

CINEMA

Straat
jalan

Taxi
teksi

Kiosk
kedai makanan ringan

Footgänger
pejalan kaki

Börgerstieg
turapan

Krüzen
lintasan

Zebrastriepen
lintasan zebra

Mülltunn
tong sampah

Wessellücht
lampu isyarat

Hütt

pondok

Wahnung

flat

Bahnhoff

stesen kereta api

Raathuus

dewan bandar

Museum

muzium

School

sekolah

Universität

universiti

Bank

bank

Krankenhuus

hospital

Hotel

hotel

Afteek

farmasi

Büro

pejabat

Bookhökerie

kedai buku

Hökerie

kedai

Blomenhökerie

kedai bunga

Supermarkt

pasar raya

Markt

pasaran

Koophuus

gedung

Fischhökerie

penjual ikan

Inkoopszentrum

pusat membeli-belah

Haven

pelabuhan

Stadt - bandar

Parkanlaag

taman

Bank

bangku

Brüch

jambatan

Trepp

tangga

Ünnergrundbahn

bawah tanah

Tunnel

terowong

Busstoppsteed

hentian bas

Bar

bar

Spieslokal

restoran

Breefkassen

peti surat

Stratenschild

papan tanda jalan

Parkklock

meter parkir

Deertenpark

zoo

Baadanstalt

kolam renang

Moschee

masjid

Buernhoff
ladang

Ümweltversmudden
pencemaran

Karkhoff
tanah perkuburan

Kark
gereja

Speelplatz
taman permainan

Tempel
kuil

Landschop
landskap

Blatt
daun

Wiespahl
tiang tanda

Weg
jalan

Wisch
padang rumput

Steen
batu

Boom
pokok

Wannerer
pejalan kaki

Fluss
sungai

Gras
rumput

Bloom
bunga

Daal

lembah

Barg

bukit

See

tasik

Holt

hutan

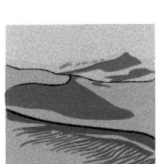

Wööst

padang pasir

Füerspien Barg

gunung berapi

Slott

istana

Regenbagen

pelangi

Poggenstohl

cendawan

Palm

pokok kelapa sawit

Steekmück

nyamuk

Fleeg

terbang

Miegeemk

semut

Imm

lebah

Spinn

labah-labah

Sebber

kumbang

Pogg

katak

Katteker

tupai

Swienegel

landak

Haas

arnab

Uul

burung hantu

Vagel

burung

Swaan

angsa

Wildswien

babi jantan

Hirsch

rusa

Elk

moose

Staudamm

empangan

Windrad

turbin angin

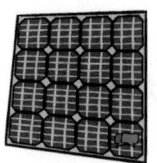

Solarmodul

panel solar

Klima

iklim

Landschop - landskap

Spieslokal
restoran

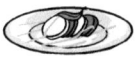

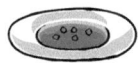

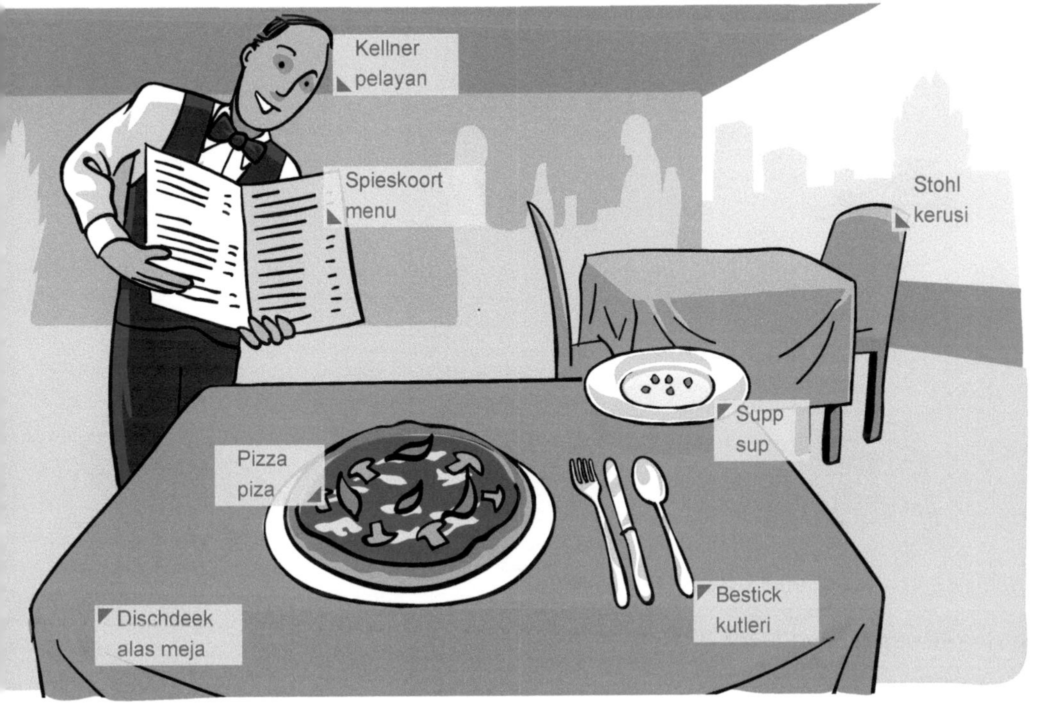
Kellner
pelayan
Spieskoort
menu
Stohl
kerusi
Supp
sup
Pizza
piza
Bestick
kutleri
Dischdeek
alas meja

Vörspies
pemula

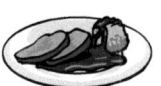

Haupteten
hidangan utama

Nadisch
pencuci mulut

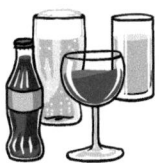

Drünk
minuman

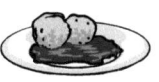

Eten
makanan

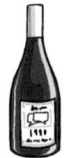

Buddel
botol

Fastfood

makanan segera

Strateneten

makanan jalanan

Teekann

teko

Zuckerdoos

mangkuk gula

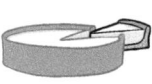

Portschoon

bahagian

Espressomaschien

mesin espreso

Hoochstohl

kerusi tinggi

Reken

bil

Tablett

dulang

Mess

pisau

Gavel

garfu

Lepel

sudu

Teelepel

sudu teh

Munddook

serviette

Glas

gelas

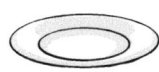

Töller
....
pinggan

Suppentöller
....
mangkuk sup

Ünnertass
....
piring

Sooß
....
sos

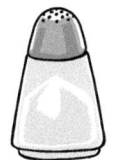

Soltstreuer
....
tempat garam

Pepermöhl
....
pengisar lada

Etig
....
cuka

Ööl
....
minyak

Krüder
....
rempah

Ketchup
....
sos

Mostrich
....
mustard

Mayonnaise
....
mayones

Supermarkt

pasar raya

Anbott
tawaran istimewa
Kunn
pelanggan
Melkprodukten
tenusu
Aaft
buah-buahan
Inkoopswagen
troli
FOR

BUTCHERS

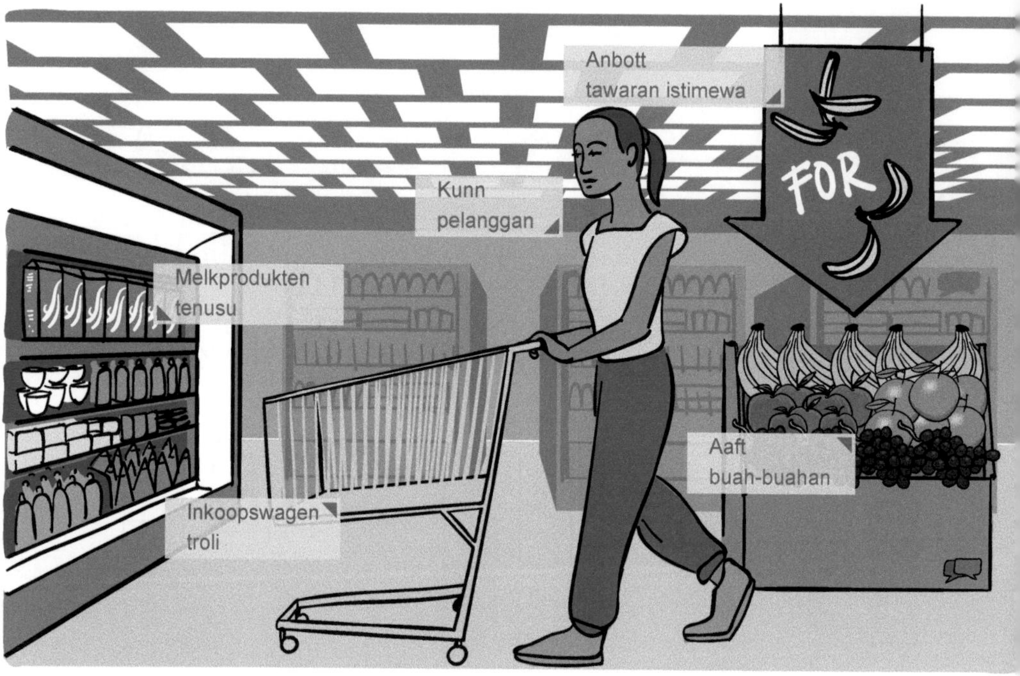

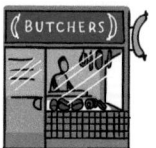

Slachterie

tukang daging

BAKERY

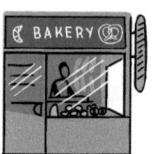

Bäckerie

kedai roti

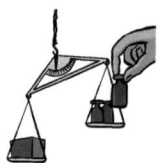

wegen

berat

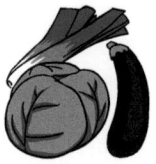

Gröönsaken

sayur-sayuran

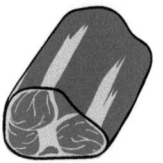

Fleesch

daging

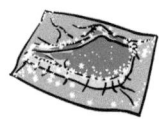

Deepköhlkost

makanan sejuk beku

Opsnitt	Konserven	Waschmiddel
daging sejuk	makanan dalam tin	serbuk pencuci

Snoopkraam	Huushooltssaken	Reinmaaktüüch
gula-gula	produk isi rumah	produk pembersihan

Verköpersche	Kass	Kasserer
orang jualan	daftar tunai	juruwang

Inkoopslist	Opsparrtieden	Breeftasch
senarai membeli-belah	waktu pembukaan	beg duit

Kreditkoort	Tasch	Plastiktüüt
kad kredit	beg	beg plastik

Water
....
air

Saft
....
jus

Melk
....
susu

Cola
....
kola

Wien
....
wain

Beer
....
bir

Spriet
....
alkohol

Kakao
....
koko

Tee
....
the

Koffie
....
kopi

Espresso
....
espreso

Cappucino
....
kapucino

Banaan

pisang

Appel

epal

Appelsien

oren

Meloon

tembikai

Zitroon

lemon

Wöttel

lobak merah

Knuuvlook

bawang putih

Bambus

buluh

Zibbel

bawang

Poggenstohl

cendawan

Nööt

kacang

Nudeln

mi

Spaghetti

spageti

Ries

nasi

Salat

salad

Pommes frites

kerepek

Braadkantüffeln

kentang goreng

Pizza

piza

Hamborger

hamburger

Sandwich

sandwic

Snitzel

kutlet

Schinken

ham

Salami

salami

Wust

sosej

Hohn

ayam

Braden

panggang

Fisch

ikan

Haverflocken

bubur oat

Müsli

muesli

Cornflakes

emping jagung

Mehl

tepung

Croissant

kroisan

Rundstück

roti roll

Broot

roti

Toast

roti bakar

Keksen

biskut

Botter

mentega

Quark

dadih

Koken

kek

Ei

telur

Spegelei

telur goreng

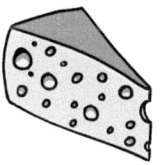

Kees

keju

Ies
ais krim

Zucker
gula

Honnig
madu

Marmelaad
jem

Nougat-Creme
krim nougat

Curry
kari

Buernhuus
rumah ladang

Schüün
bangsal

Strohballen
bandela jerami

Feld
bidang

Peerd
kuda

Hänger
treler

Fahlen
anak kuda

Trecker
traktor

Esel
keldai

Schaap
biri-biri

Lamm
kambing

Zeeg

kambing

Koh

lembu

Kalf

anak lembu

Swien

babi

Farken

anak babi

Bull

lembu

Goos

angsa

Aant

itik

Küken

anak ayam

Hohn

ayam betina

Hahn

ayam jantan muda

Rott

tikus

Katt

kucing

Muus

tikus

Oss

lembu jantan

Hund

anjing

Hunnenhütt

rumah anjing

Goornslauch

hos taman

Geetkann

bekas siraman

Lee

sabit

Ploog

bajak

Sich

sabit

Hack

cangkul

Mestfork

serampang peladang

Ext

kapak

Schuufkoor

kereta sorong

Trog

palung

Melkkann

tin susu

Sack

karung

Tuun

pagar

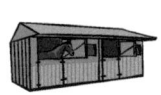

Stall

stabil

Drievhuus

rumah hijau

Bodden

tanah

Saat

benih

Dünger

baja

Meihdöscher

jentuai

oornen

tuai

Oorn

menuai

Yamswöttel

keladi

Weten

gandum

Soja

soya

Kantüffel

kentang

Törksche Weten

jagung

Rapp

biji sawi

Aaftboom

pokok buah-buahan

Troopsch Kantüffel

ubi kayu

Koorn

bijirin

Huus
rumah

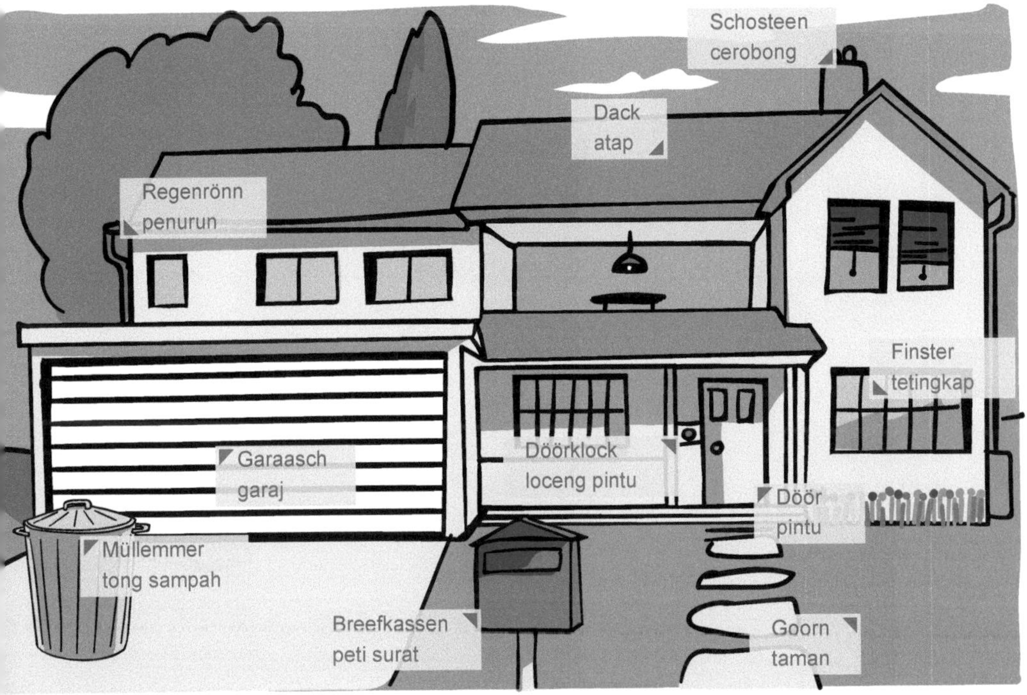
Schosteen
cerobong
Dack
atap
Regenrönn
penurun
Finster
tetingkap
Garaasch
garaj
Döörklock
loceng pintu
Döör
pintu
Müllemmer
tong sampah
Breefkassen
peti surat
Goorn
taman

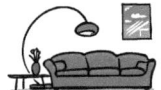

Wahnstuuv
....
ruang tamu

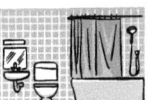

Baadstuuv
....
bilik air

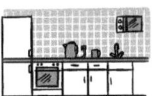

Köök
....
dapur

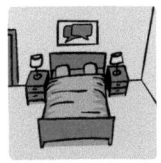

Slaapstuuv
....
bilik tidur

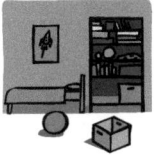

Kinnerstuuv
....
bilik kanak-kanak

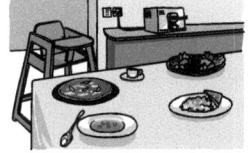

Eetstuuv
....
ruang makan

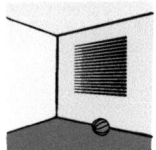

Footbodden

lantai

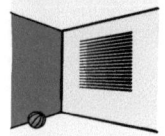

Wand

dinding

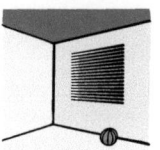

Deek

siling

Keller

bilik bawah tanah

Hittluftbad

sauna

Balkon

balkoni

Terrass

teres

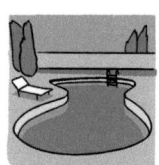

Swümmbad

kolam renang

Rasenmeiher

pemotong rumput

Bettbetog

lembaran

Bettdeek

penutup tilam

Puuch

katil

Bessen

penyapu

Emmer

timba

Schalter

suis

Wahnstuuv
ruang tamu

Tapeet
kertas dinding
Bild
gambar
Lamp
lampu
Regal
rak
Schapp
kabinet
Kiekkassen
televisyen
Kamin
pendiangan
Bloom
bunga
Küssen
kusyen
Sofa
sofa
Vaas
pasu
Feernbedenen
alat kawalan jauh

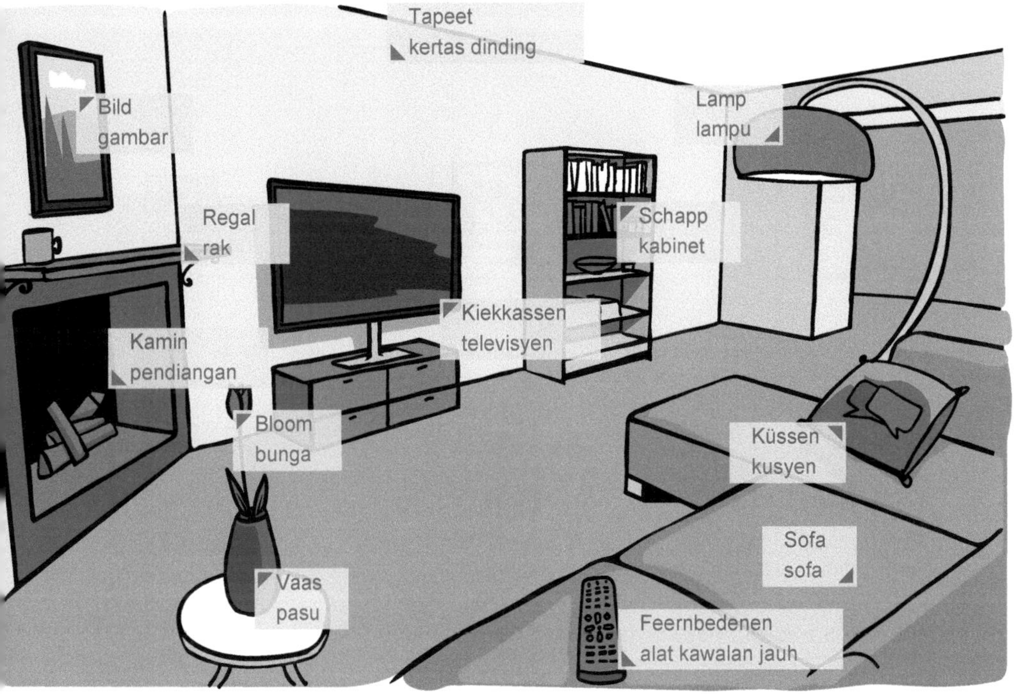

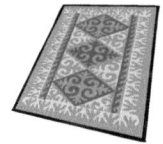

Teppich

permaidani

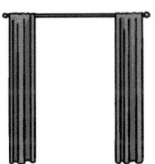

Vörhang

tirai

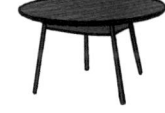

Disch

meja

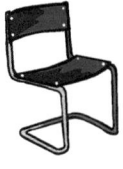

Stohl

kerusi

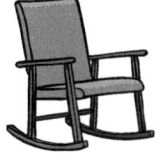

Schuckelstohl

kerusi malas

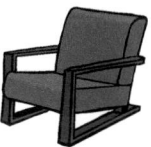

Sessel

kerusi

Book

buku

Deek

selimut

Dekoratschoon

hiasan

Füerholt

kayu api

Film

filem

Stereoanlaag

hi-fi

Slötel

kunci

Narichtenblatt

akhbar

Gemälde

lukisan

Poster

poster

Radio

radio

Opschrievblock

buku catatan

Huulbessen

penyedut habuk

Kaktus

kaktus

Kars

lilin

Köök
dapur

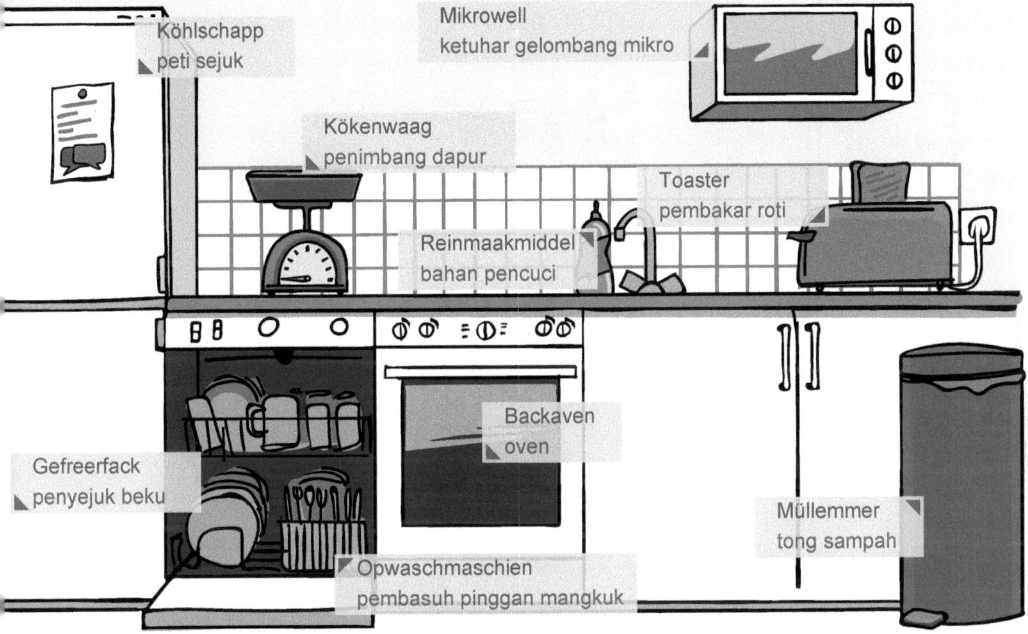
Köhlschapp
peti sejuk
Mikrowell
ketuhar gelombang mikro
Kökenwaag
penimbang dapur
Toaster
pembakar roti
Reinmaakmiddel
bahan pencuci
Backaven
oven
Gefreerfack
penyejuk beku
Müllemmer
tong sampah
Opwaschmaschien
pembasuh pinggan mangkuk

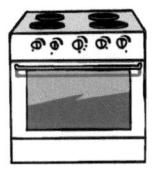

Heerd

periuk dapur

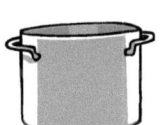

Pott

periuk

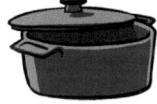

Gussiesern Putt

periuk besi

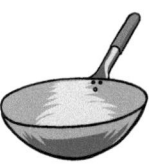

Wok / Kadai

kuali

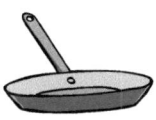

Pann

pan

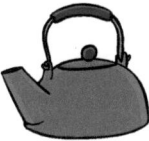

Waterkaker

cerek

Dampkaakputt

pengukus

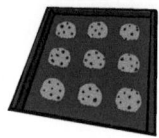

Backblick

dulang pembakar

Geschirr

pinggan mangkuk

Beker

koleh

Schaal

mangkuk

Eetsticken

penyepit

Suppenkell

senduk

Pannenwenner

spatula

Sneebessen

pengadun

Kaakseef

penapis

Seef

ayak

Riev

pemarut

Mörser

mortar

Grill

barbeku

Füerstell

pembakaran terbuka

Sniedbrett

papan pencincang

Nudelholt

pin golekan

Proppentrecker

skru gabus

Doos

tin

Dosenaapner

pembuka tin

Pottlappen

pemegang periuk

Waschbecken

sinki

Böst

berus

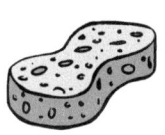

Swamm

span

Mixer

pengisar

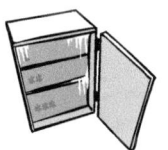

lesschapp

penyejuk beku

Nuckelbuddel

botol bayi

Waterhahn

paip

Baadstuuv

bilik air

Heizung
pemanasan
Bruus
mandi
Handdook
tuala
Bruusvörhang
tirai mandi
Schuumbad
mandi buih
Baadwann
tab mandi
Glas
gelas
Waschmaschien
mesin basuh
Waterhahn
paip
Fliesen
jubin
lütte Putt
tandas
Waschbecken
sinki

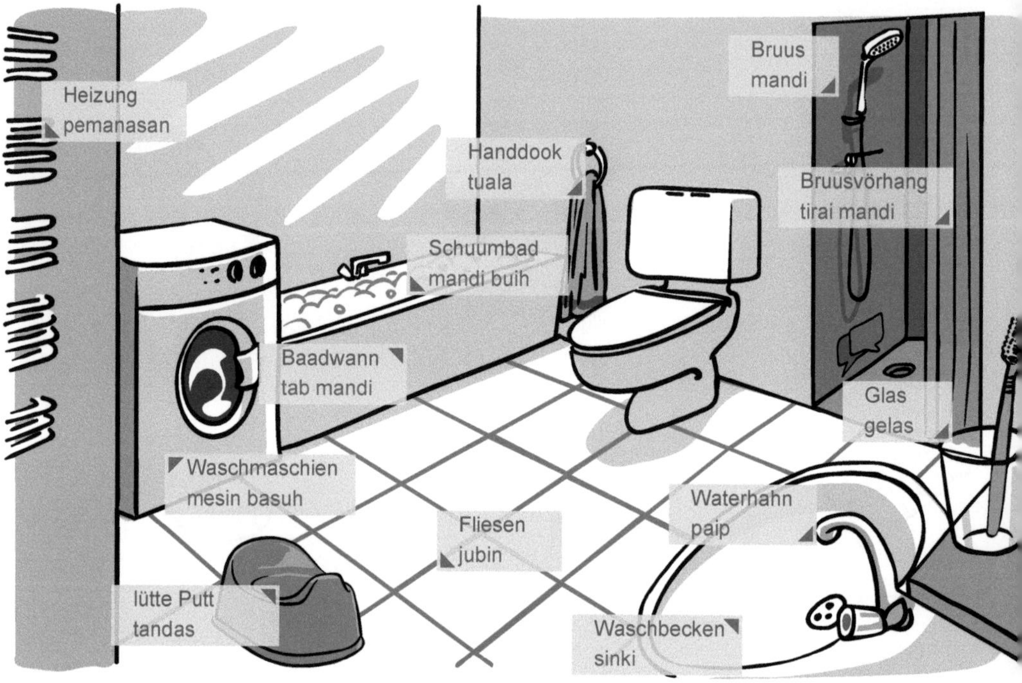

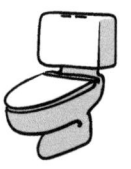

Tante Meier

tandas

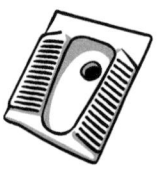

Hockklo

tandas mencangkung

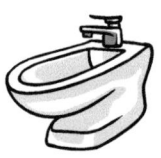

Bidet

mangkuk tandas

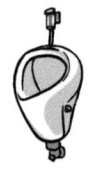

Miegbecken

tandas awam

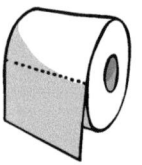

Klopapeer

kertas tandas

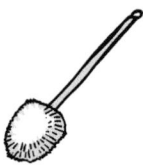

Kloböst

berus tandas

Tähnböst

berus gigi

Tähnpast

ubat gigi

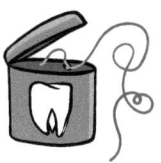

Tähnsied

flos gigi

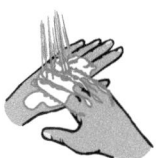

waschen

cuci

Handbruus

mandian tangan

Intimbruus

pancuran

Waschschöttel

besen

Rüchböst

belakang berus

Seep

sabun

Bruusgeel

gel mandian

Hoorwaschmiddel

syampu

Waschlappen

flanel

Afloop

longkang

Creme

krim

Deodorant

deodoran

Spegel

cermin

Kosmetikspegel

cermin tangan

Raserer

pisau cukur

Raseerschuum

busa cukur

Raseerwater

selepas cukur

Kamm

sikat

Böst

berus

Hoordröger

pengering rambut

Hoorspray

semburan rambut

Smink

mekap

Lippensticken

gincu

Nagellack

varnis kuku

Watt

bulu kapas

Nagelscheer

gunting kuku

Rüükwater

pewangi

Kulturbüdel

beg basuhan

Schemel

bangku

Waag

skala berat

Baadmantel

jubah mandi

Gummihanschen

sarung tangan getah

Tampon

kapas

Damenbinn

tuala wanita

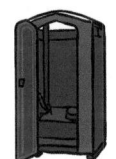

Chemieklo

tandas kimia

Kinnerstuuv

bilik kanak-kanak

Wecker
jam loceng
Knudeldeert
mainan kegemaran
Speeltüüchauto
kereta mainan
Klöter
kerincing bayi
Poppenhuus
rumah anak patung
Geschenk
hadiah

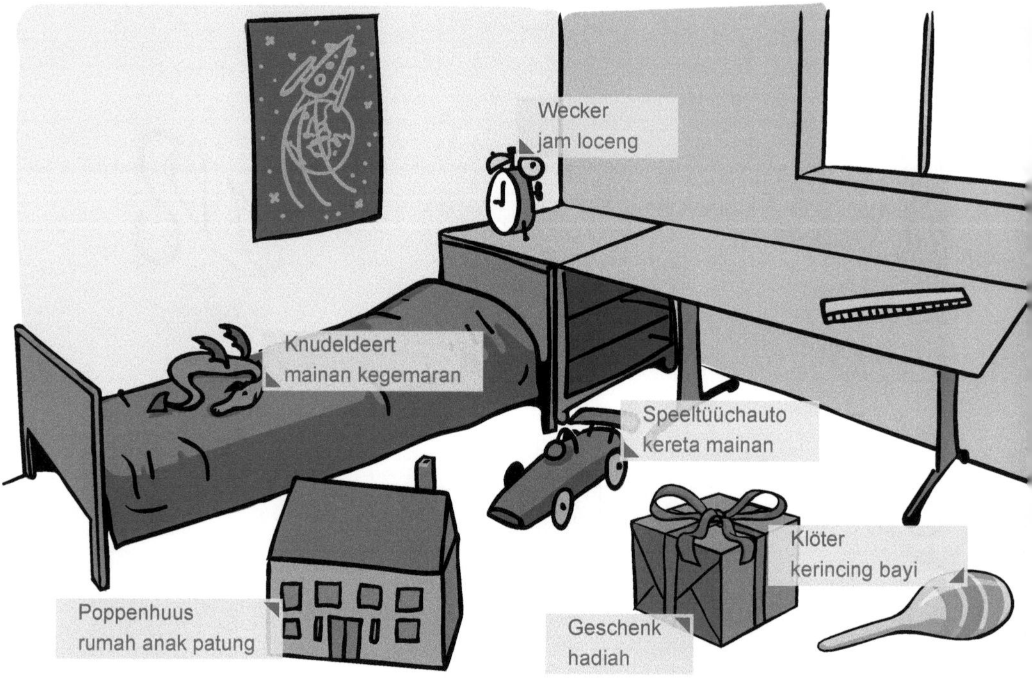

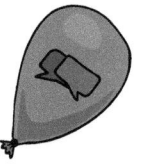

Luftballon

belon

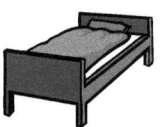

Puuch

katil

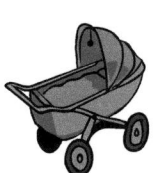

Kinnerwagen

kereta sorong bayi

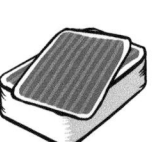

Koortenspeel

set kad

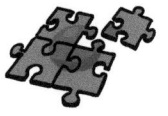

Puzzle

susun suai gambar

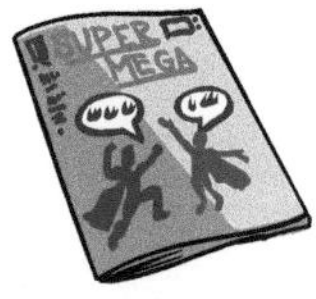

Billergeschicht

komik

Legosteenen
batu bata lego

Busteenen
blok mainan

Action-Figur
figura aksi

Strampelantog
baju bayi

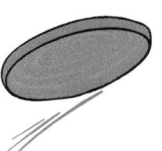

Frisbeeschiev
frisbee

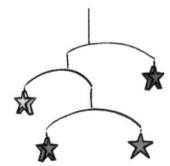

Mobile
mainan bayi mudah alih

Brettspeel
permainan papan

Wörpel
dadu

Modelliesenbahn
set model kereta api

Snuller
palsu

Party
parti

Billerbook
buku bergambar

Ball
bola

Popp
anak patung

spelen
main

Sandkassen

lubang pasir

Schuckel

buai

Speeltüüch

mainan

Speelkonsool

konsol permainan video

Dreerad

basikal roda tiga

Teddyboor

anak patung beruang

Klederschapp

almari pakaian

Tüüch

pakaian

Socken

stoking

Strümp

stoking

Strumpbüx

ketat

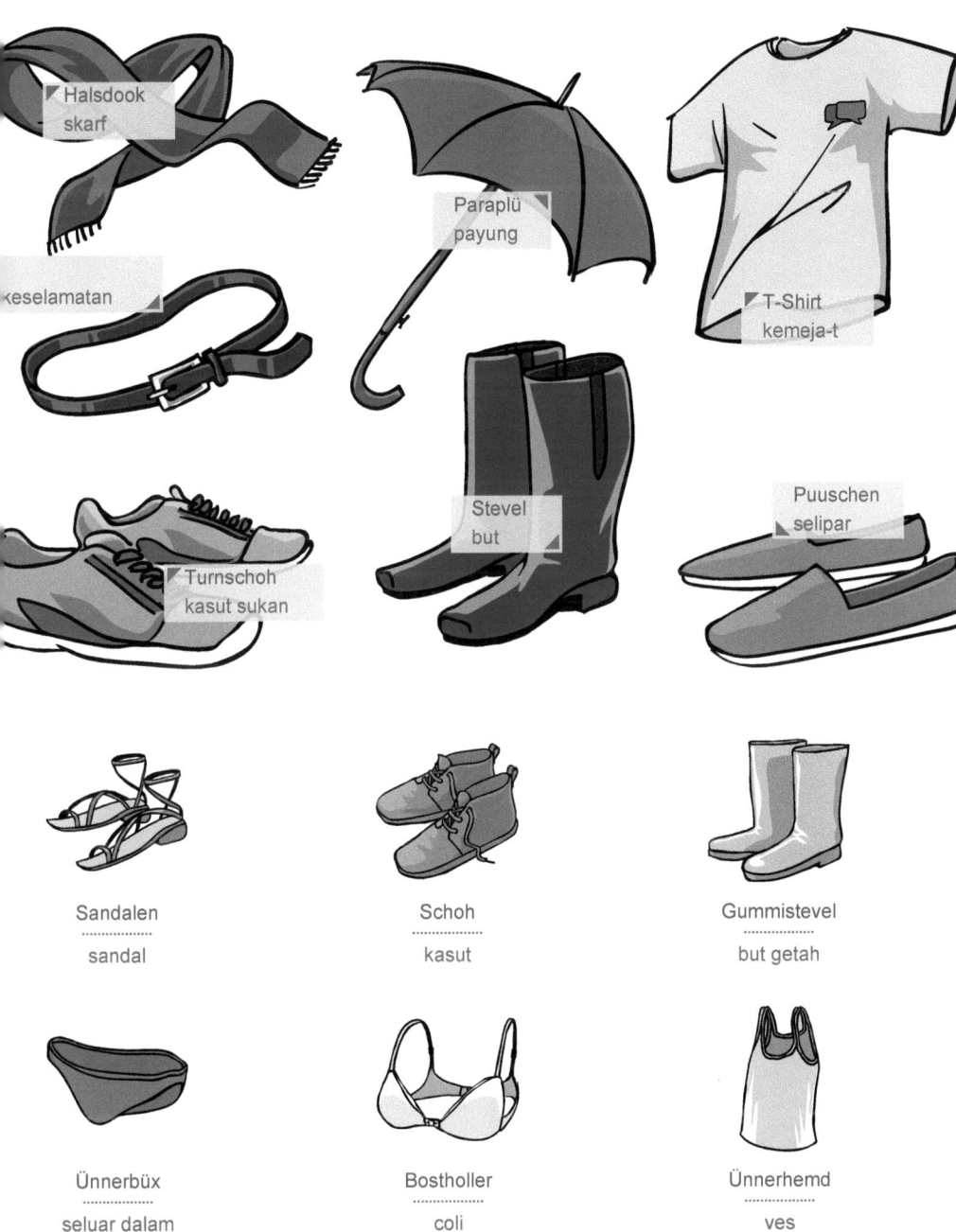

Halsdook
skarf

Paraplü
payung

T-Shirt
kemeja-t

keselamatan

Stevel
but

Puuschen
selipar

Turnschoh
kasut sukan

Sandalen
sandal

Schoh
kasut

Gummistevel
but getah

Ünnerbüx
seluar dalam

Bostholler
coli

Ünnerhemd
ves

Lief

badan

Büx

Seluar panjang

Jeansnüx

jean

Rock

skirt

Bluus

blaus

Hemd

kemeja

Pullover

baju panas sarung

Kapuzenpullover

sweater

Blazer

blazer

Jack

jaket

Mantel

kot

Övertrecker

baju hujan

Kostüm

kostum

Kleed

pakaian

Hochtietskleed

baju pengantin

Antog

sut

Nachtkleed

baju tidur

Slaapantog

baju tidur

Sari

sari

Koppdook

skarf kepala

Turban

serban

Burka

burqa

Kaftan

kaftan

Abaya

abaya/jubah

Baadantog

baju renang

Baadbüx

seluar renang

Korte Büx

seluar pendek

Antog to'n Öven

sut balapan

Schört

apron

Handschoh

sarung tangan

Knopp

butang

Brill

cermin mata

Armband

gelang tangan

Halskeed

rantai leher

Ring

cincin

Ohrbummel

subang

Mütz

topi

Klederbögel

penyangkut kot

Hoot

topi

Binner

tali leher

Rietslüter

zip

Helm

topi keledar

Drachtband

pendakap

Schooluniform

uniform sekolah

Uniform

seragam

Severböten
....
lapik dada

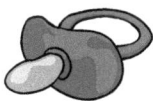

Snuller
....
palsu

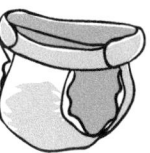

Winnel
....
lampin

Büro
pejabat

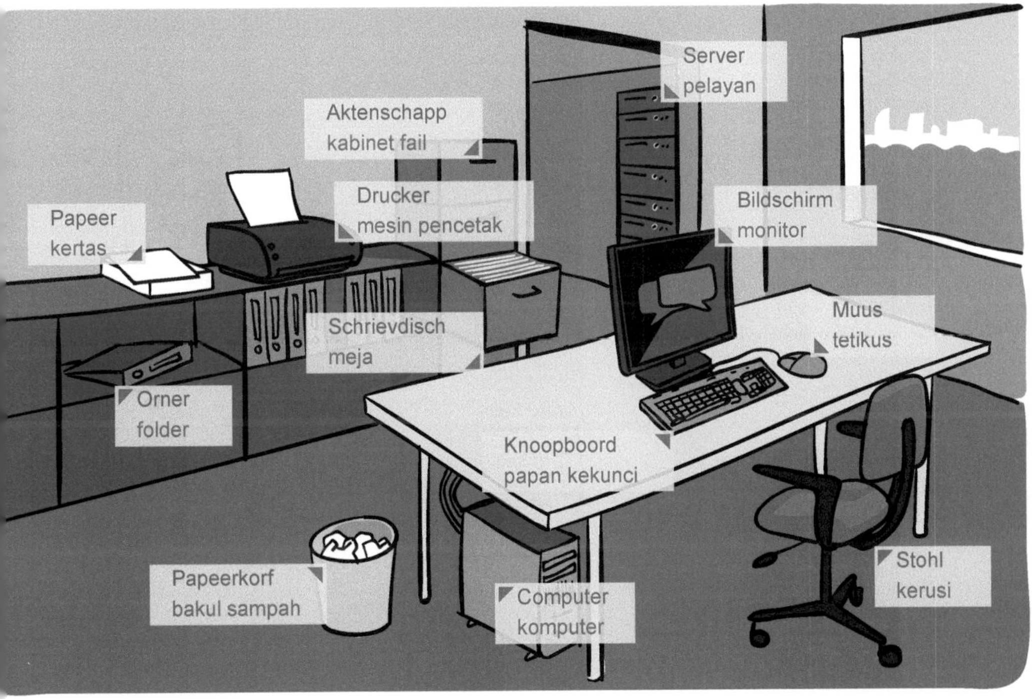

Server
pelayan

Aktenschapp
kabinet fail

Drucker
mesin pencetak

Papeer
kertas

Bildschirm
monitor

Schrievdisch
meja

Muus
tetikus

Orner
folder

Knoopboord
papan kekunci

Papeerkorf
bakul sampah

Computer
komputer

Stohl
kerusi

Koffiebeker
....
cawan kopi

Taschenreekner
....
kalkulator

Internet
....
internet

Klappreekner

komputer riba

Breef

surat

Naricht

mesej

Ackersnacker

mudah alih

Nettwark

rangkaian

Kopeerapparat

mesin fotokopi

Software

perisian

Klöönkassen

telefon

Steekdoos

soket plag

Faxapparat

mesin faks

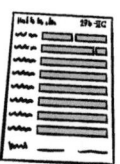

Formulor

bentuk

Dokument

dokumen

köpen
beli

betahlen
bayar

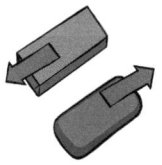

hanneln
berdagang

Geld
wang

 **USD**

Dollar
dolar

 **EUR**

Euro
euro

JPY

Yen
yen

RUB

Ruvel
rubel

CHF

Swiezer Franken
franc swiss

CNY

Renminbi Yuan
renminbi yuan

INR

Rupie
rupee

Geldautomat
mata tunai

Wesselstuuv

pejabat tukaran mata wang

Gold

emas

Sülver

perak

Ööl

minyak

Energie

tenaga

Pries

harga

Verdrag

kontrak

Stüer

cukai

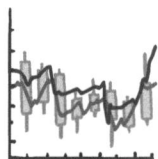

Andeelschien

stok

arbeiden

kerja

Anstellte

pekerja

Arbeitgever

majikan

Fabrik

kilang

Hökerie

kedai

Profeschonen
pekerjaan

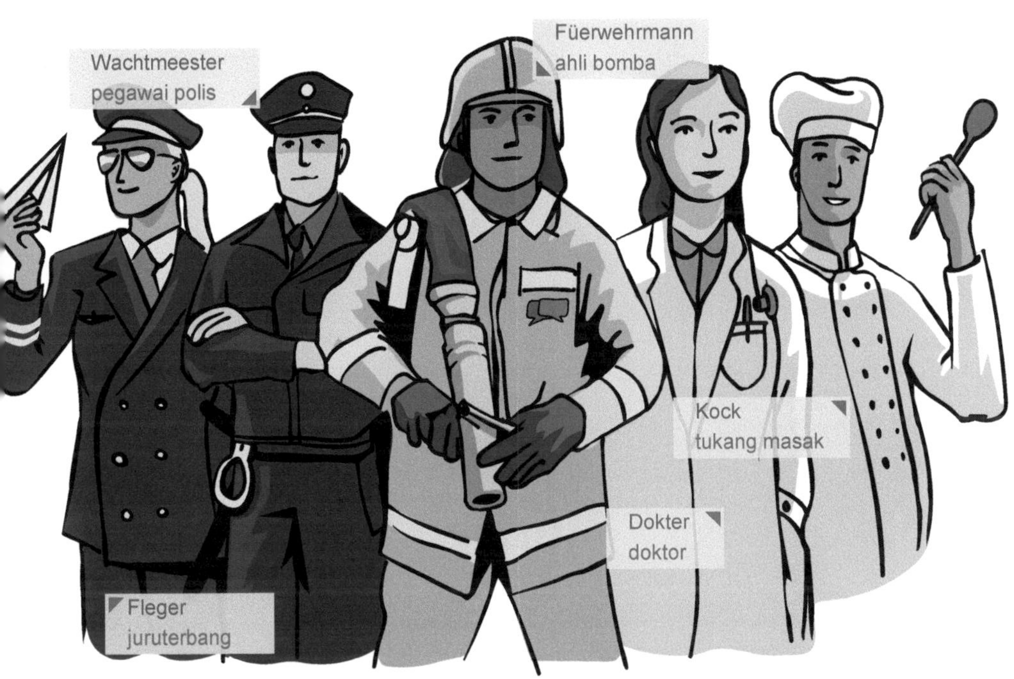

Wachtmeester
pegawai polis
Füerwehrmann
ahli bomba
Kock
tukang masak
Dokter
doktor
Fleger
juruterbang

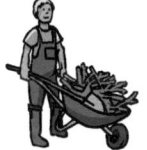

Goorner

tukang kebun

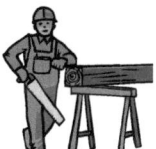

Discher

tukang kayu

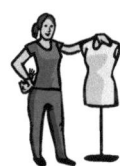

Neihersche

tukang jahit

Richter

hakim

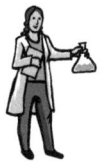

Chemiker

ahli kimia

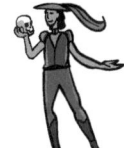

Schauspeler

pelakon

Busfohrer

pemandu bas

Taxifohrer

pemandu teksi

Fischer

nelayan

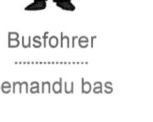

Reinmaakfru

wanita pencuci

Dackdecker

kasau

Kellner

pelayan

Jäger

pemburu

Maler

pelukis

Bäcker

bakeri

Elektriker

juruelektrik

Buarbeider

pembangun

Ingenieur

jurutera

Slachter

penjual daging

Klempner

tukang paip

Postbüdel

posmen

Suldat

askar

Architekt

arkitek

Kasserer

juruwang

Florist

kedai bunga

Putzbüdel

pendandan rambut

Schaffner

konduktor

Mechaniker

mekanik

Kaptein

kapten

Tähndokter

doktor gigi

Wetenschopler

ahli sains

Rabbi

tuhanku

Imam

imam

Mönk

sami

Paap

paderi

Warktüüch

alat

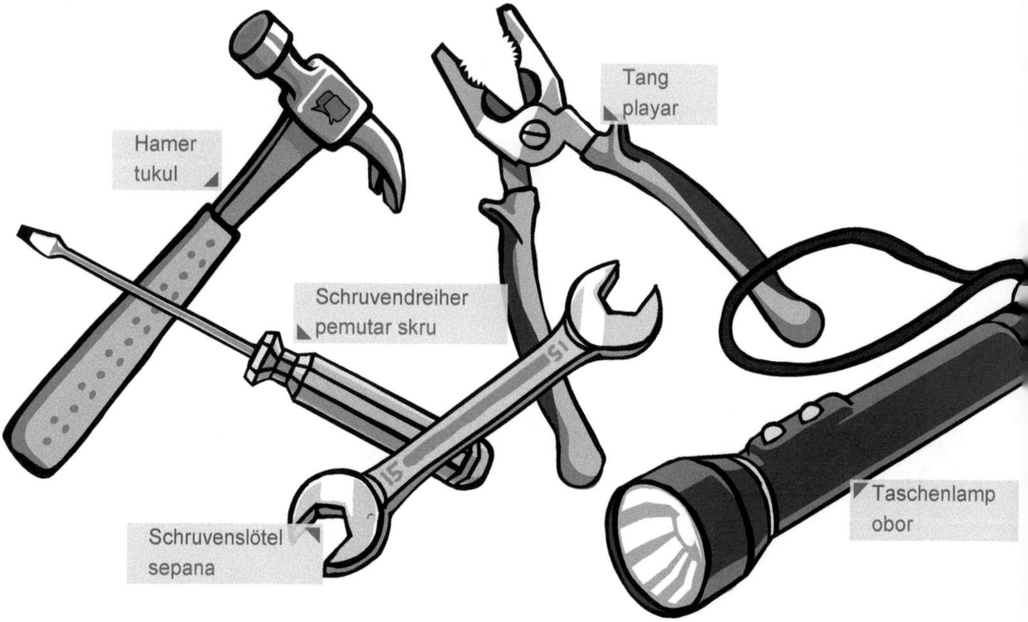
Tang
playar
Hamer
tukul
Schruvendreiher
pemutar skru
Schruvenslötel
sepana
Taschenlamp
obor

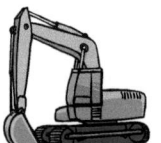

Grieper

pengorek

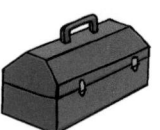

Warktüüchkassen

kotak peralatan

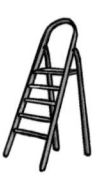

Ledder

tangga

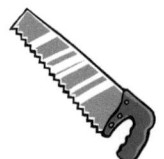

Saag

gergaji

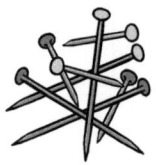

Nagels

kuku

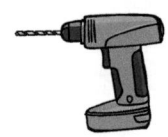

Bohrer

gerudi

heelmaken
baiki

Schüffel
penyodok

Schiet!
Celaka!

Kehrblick
penadah sampah

Farvpott
periuk cat

Schruven
skru

Musikinstrumenten
alat muzik

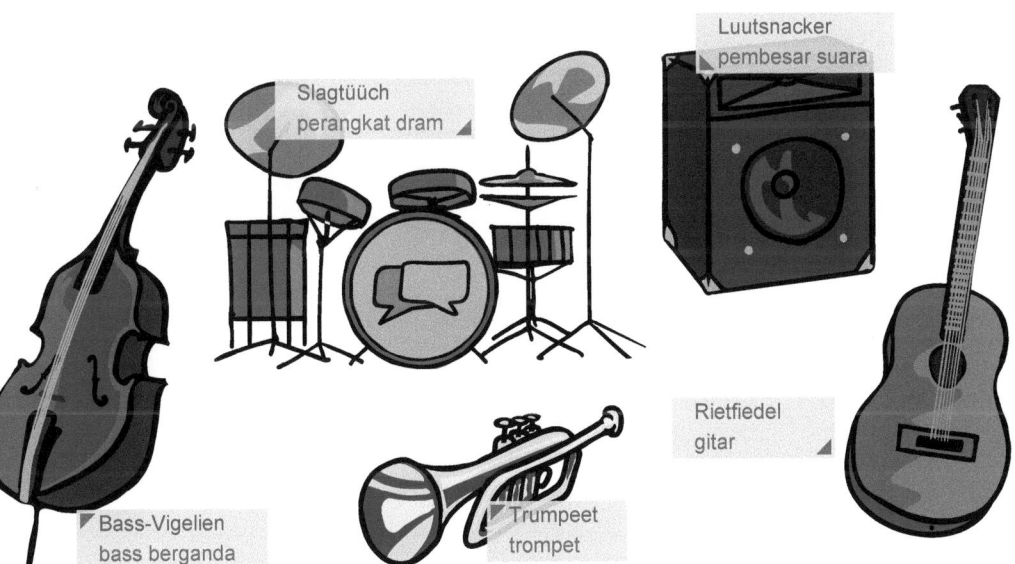

Slagtüüch
perangkat dram

Luutsnacker
pembesar suara

Bass-Vigelien
bass berganda

Trumpeet
trompet

Rietfiedel
gitar

Klaveer

piano

Vigelien

biola

Bass

bass

Pauk

timpani

Trummeln

dram

Keyboard

papan kekunci

Saxophon

saksofon

Fleut

seruling

Mikrofoon

mikrofon

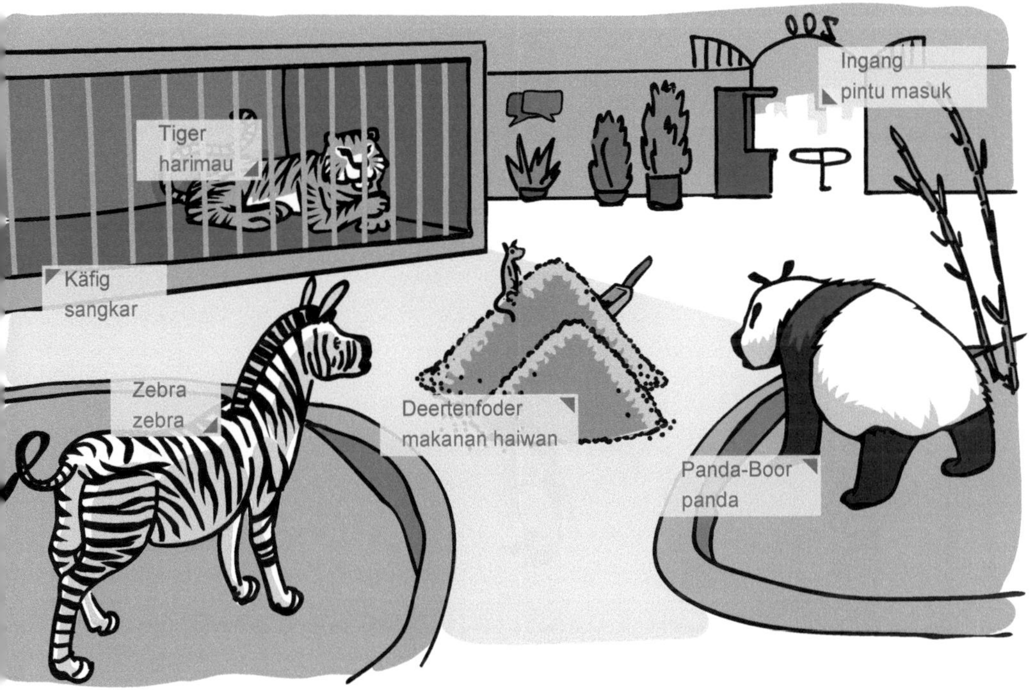

Ingang
pintu masuk

Tiger
harimau

Käfig
sangkar

Zebra
zebra

Deertenfoder
makanan haiwan

Panda-Boor
panda

Deerten

haiwan

Elefant

gajah

Känguru

kanggaru

Neeshoorn

badak sumbu

Gorilla

gorila

Boor

beruang

Kameel

unta

Struuß

burung unta

Lööv

singa

Aap

monyet

Flamingo

flamingo

Papagoi

nuri

Iesboor

beruang kutub

Pinguin

penguin

Haifisch

yu

Pageluun

merak

Slang

ular

Krokodil

buaya

Oppasser in'n Deertenpark

penjaga zoo

Saalhund

anjing laut

Jaguor

jaguar

Pony

kuda

Leopard

harimau

Nilpeerd

badak air

Giraff

zirafah

Aadler

helang

Wildswien

babi jantan

Fisch

ikan

Schildkrööt

penyu

Walross

anjing laut

Voss

musang

Gazell

rusa

Amerikaansch Football
bola sepak Amerika

Radfohren
berbasikal

Tennis
tenis

Korfball
bola keranjang

Swümmen
renang

Boxen
tinju

Ieshockey
hoki ais

Football
bola sepak

Fedderball
badminton

Leichtathletik
olahraga

Handball
bola baling

Skilopen
ski

Polo
polo

Aktivitäten

aktiviti

springen
lompat
ümarmen
peluk
lachen
ketawa
gahn
berjalan
singen
menyanyi
drömen
mimpi
beden
berdoa
snuteln
cium

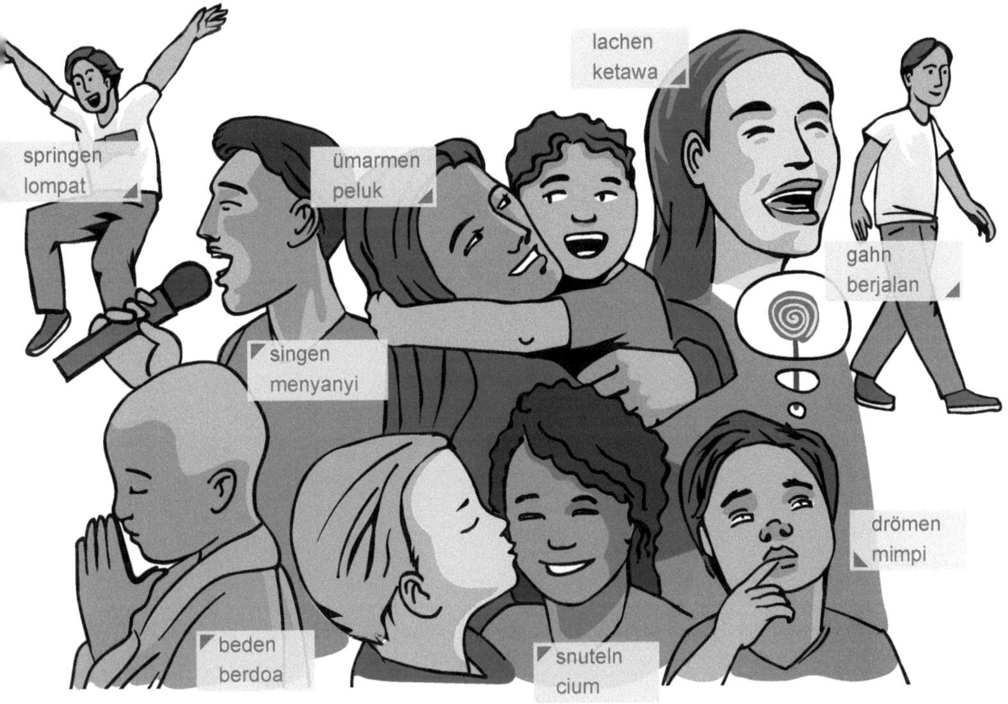

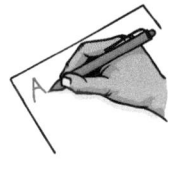

schrieven

tulis

teken

lukis

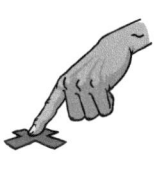

wiesen

tunjuk

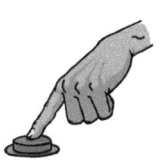

drücken

tolak

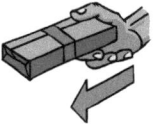

geven

beri

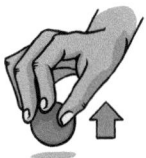

nehmen

ambil

hebben
ada

doon
buat

sien
ialah

stahn
berdiri

lopen
lari

trecken
tarik

smieten
buang

fallen
jatuh

liggen
tipu

töven
tunggu

dregen
bawa

sitten
duduk

antrecken
pakai

slapen
tidur

opwaken
bangkit

ankieken
lihat pada

wenen
menangis

eien
strok

kämmen
sikat

snacken
cakap

verstahn
faham

fragen
tanya

hören
dengar

drinken
minum

eten
makan

oprümen
mengemas

leefhebben
sayang

kaken
masak

fohren
pandu

flegen
terbang

segeln

belayar

reken

kira

lesen

baca

lehren

belajar

arbeiden

kerja

de Plünnen tohoopsmieten

nikah

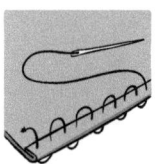

neihen

jahit

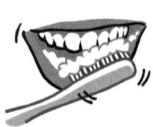

Tähnen putzen

memberus gigi

dootmaken

bunuh

smöken

asap

schicken

hantar

Familje
keluarga

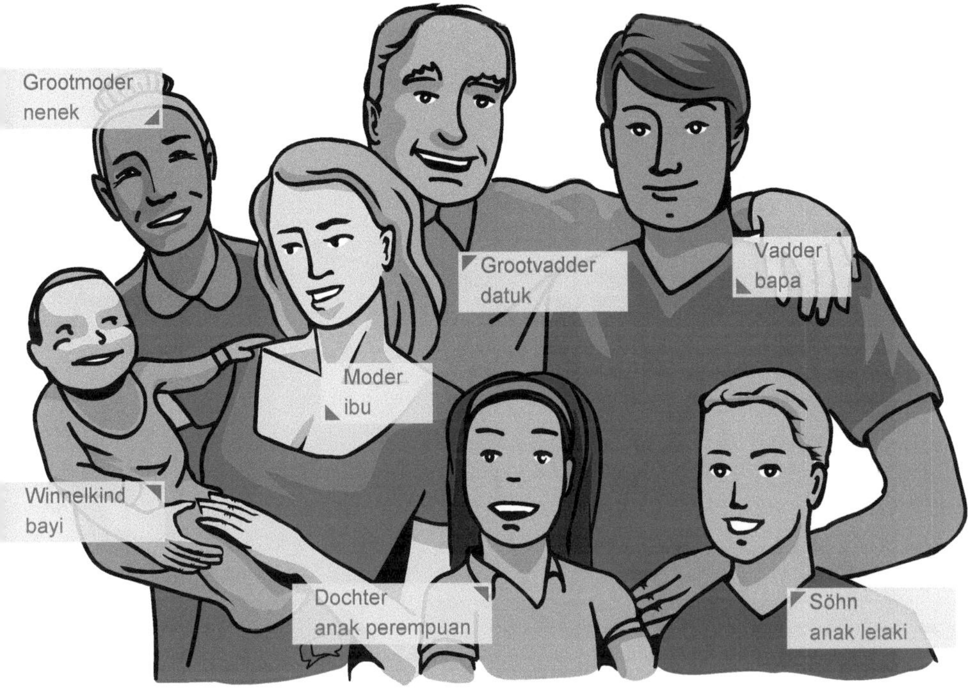
Grootmoder
nenek
Grootvadder
datuk
Vadder
bapa
Moder
ibu
Winnelkind
bayi
Dochter
anak perempuan
Söhn
anak lelaki

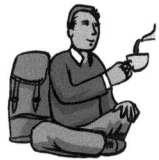

Gast

tetamu

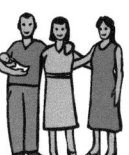

Tant

mak cik

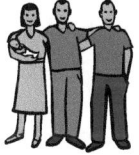

Unkel

pak cik

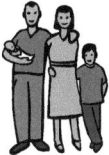

Broder

abang

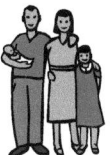

Süster

kakak

Lief

badan

Vörkopp
dahi
Oog
mata
Schuller
bahu
Finger
jari
Gesicht
muka
Kinn
dagu
Hand
tangan
Been
kaki
Bost
dada
Arm
lengan

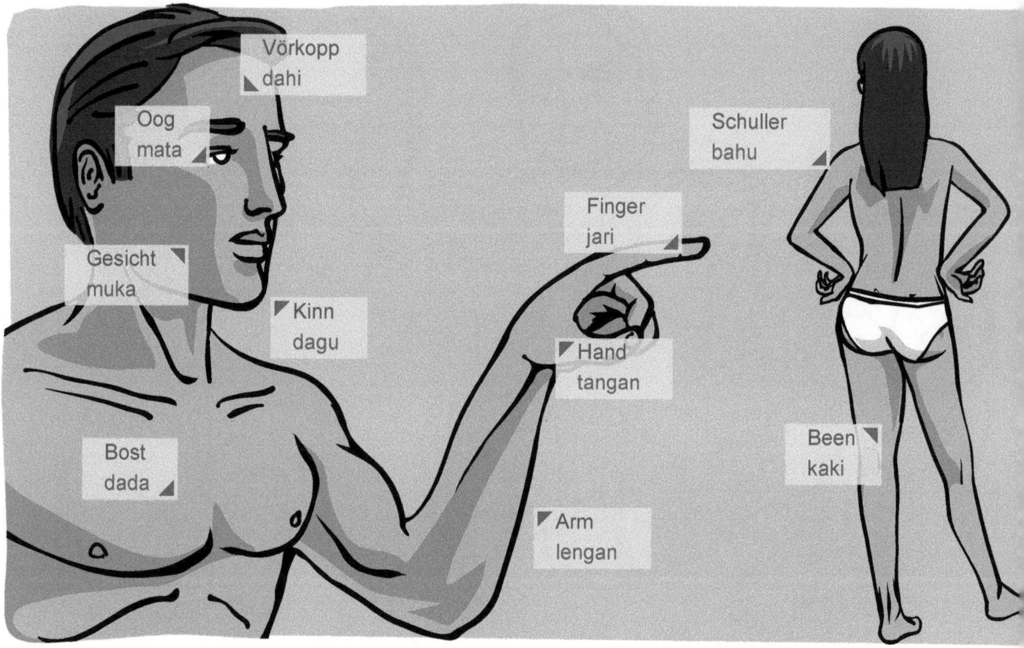

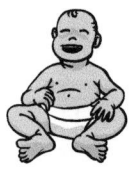

Winnelkind

bayi

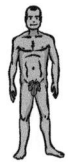

Mann

lelaki

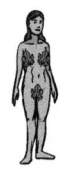

Fro

wanita

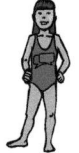

Deern

perempuan

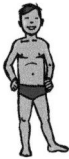

Jung

lelaki

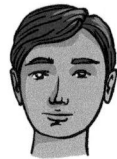

Arm

kepala

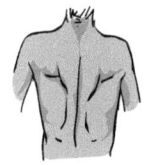

Rüch
....
belakang

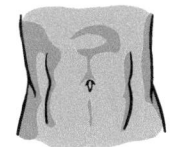

Buuk
....
bawah perut

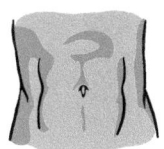

Navel
....
pusat

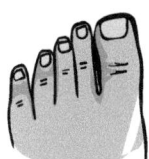

Teh
....
jari kaki

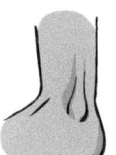

Hack
....
tumit

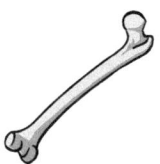

Knaken
....
tulang

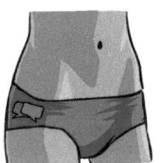

Hüft
....
pinggul

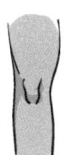

Knee
....
lutut

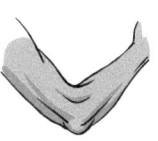

Ellbagen
....
siku

Nees
....
hidung

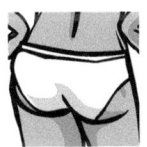

Achtersen
....
bawah

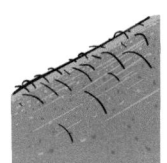

Huut
....
kulit

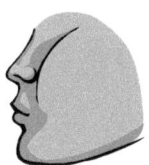

Back
....
pipi

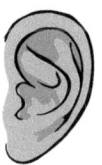

Ohr
....
telinga

Lipp
....
bibir

Mund

mulut

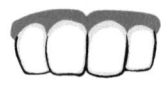

Tähn

gigi

Tung

lidah

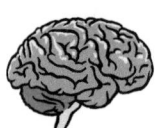

Bregen

otak

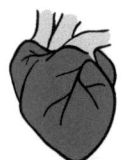

Hart

hati

Muskel

otot

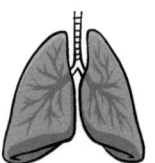

Lung

paru-paru

Lever

hati

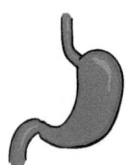

Maag

perut

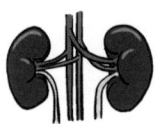

Neren

buah pinggang

Bislaap

seks

Kondoom

kondom

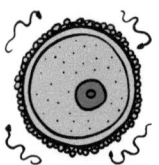

Eizell

faraj

Sperma

mani

Anner Ümstänn

mengandung

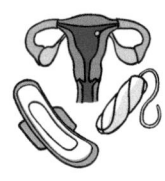

Menstruatschoon
·······················
haid

Scheed
·······················
faraj

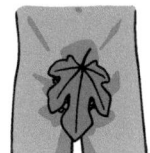

Pint
·······················
penis

Ogenbroe
·······················
kening

Hoor
·······················
rambut

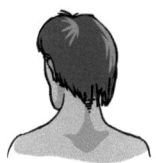

Hals
·······················
leher

Krankenhuus
hospital

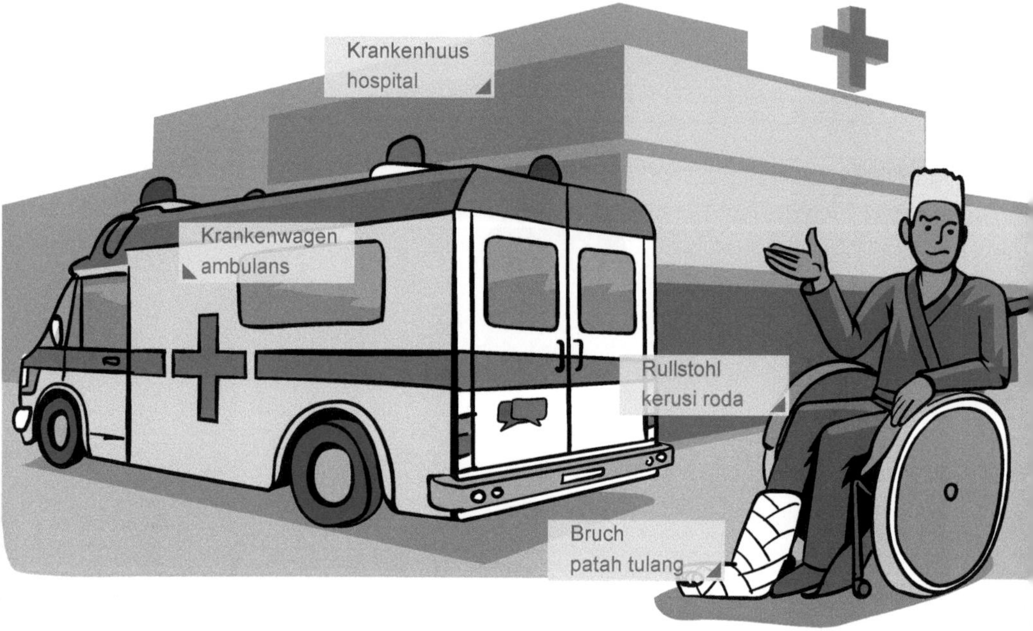

Krankenhuus
hospital
Krankenwagen
ambulans
Rullstohl
kerusi roda
Bruch
patah tulang

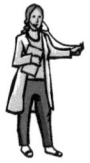

Dokter
doktor

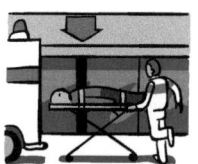

Nootopnahm
bilik kecemasan

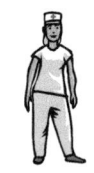

Krankensüster
jururawat

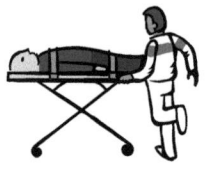

Nootfall
kecemasan

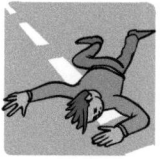

ahnmächtig
tak sedar

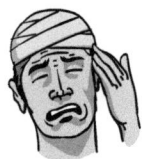

Wehdaag
sakit

Verwunnen

kecederaan

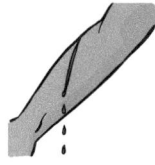

Blöden

pendarahan

Hartinfarkt

serangan jantung

Slaganfall

strok

Allergie

alergi

Hoosten

batuk

Fever

demam

Gripp

selesema

Dörchfall

cirit-birit

Koppwehdaag

sakit kepala

Kreeft

kanser

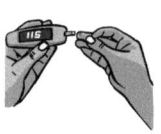

Zuckersüük

diabetes

Chirurg

pakar bedah

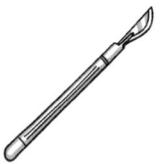

Chirurgsch Mess

pisau bedah

Operatschoon

pembedahan

CT
CT

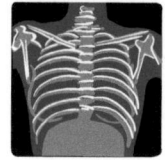

Dörchlüchten
x-ray

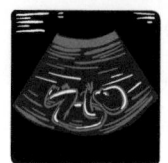

Ultraschall
ultrabunyi

Mask
topeng muka

Krankheit
penyakit

Töövruum
bilik menunggu

Krück
penongkat

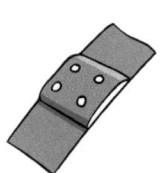

Plaaster
plaster

Verband
pembalut

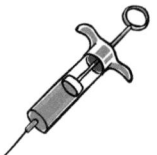

Insprütten
suntikan

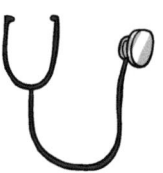

Stethoskop
stetoskop

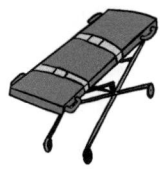

Draag
pengusung

Feverthermometer
termometer klinik

Geboort
kelahiran

Övergewicht
berat badan berlebihan

Höörapparat

alat pendengaran

Kiemfriemiddel

disinfektan

Ansteken

jangkitan

Virus

virus

HIV / AIDS

HIV / AIDS

Heelmiddel

perubatan

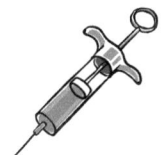

Impen

vaksinasi

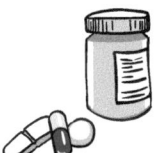

Tabletten

tablet

Pill

pil

Nootroop

panggilan kecemasan

Blootdruck-Meter

pantau tekanan darah

krank / gesund

sakit / sihat

Hölp!

Tolong!

Alarm

penggera

Överfall

serang

Angreep

serangan

Gefohr

bahaya

Nootutgang

pintu kecemasan

Füer!

Api!

Füerlöscher

alat pemadam api

Unfall

kemalangan

Noothölpkoffer

alat pertolongan cemas

SOS

SOS

Polizei

polis

Europa

Eropah

Noordamerika

Amerika Utara

Süüdamerika

Amerika Selatan

Afrika

Afrika

Asien

Asia

Australien

Australia

Atlantik

Atlantic

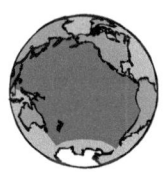

Pazifik

Pasifik

Indisch Weltmeer

Lautan Hindi

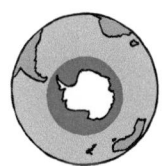

Antarktisch Weltmeer

Lautan Antartik

Arktisch Weltmeer

Lautan Artik

Noordpol

Kutub utara

Süüdpol

Kutub Selatan

Antarktis

Antartika

Eerd

bumi

Land

tanah

See

laut

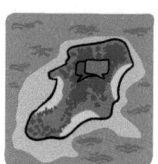

Eiland

pulau

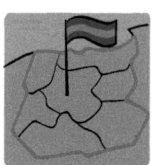

Natschoon

negara

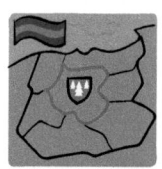

Staat

negeri

Tallenblatt

muka jam

Stunnenwieser

tangan jam

Minutenwieser

tangan minit

Sekunnenwieser

terpakai

Wo laat is dat?

Jam berapa sekarang

Dag

hari

Tiet

masa

nu

sekarang

digetaalsch Klock

jam digital

Minuut

minit

Stunn

jam

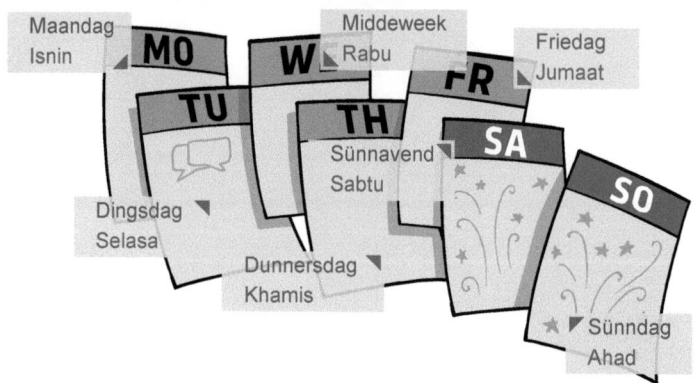

Maandag
Isnin **MO**

W Middeweek
Rabu

Friedag
Jumaat

TU

TH

FR

Dingsdag
Selasa

Sünnavend
Sabtu

SA

Dunnersdag
Khamis

SO

Sünndag
Ahad

güstern
semalam

hüüt
hari ini

morgen
esok

Morgen
pagi

Meddag
tengah hari

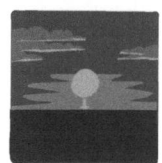

Avend
petang

MO	TU	WE	TH	FR	SA	SU
1	2	3	4	5	6	7
8	9	10	11	12	13	14
15	16	17	18	19	20	21
22	23	24	25	26	27	28
29	30	31	1	2	3	4

Arbeitsdaag
hari kerja

MO	TU	WE	TH	FR	SA	SU
1	2	3	4	5	6	7
8	9	10	11	12	13	14
15	16	17	18	19	20	21
22	23	24	25	26	27	28
29	30	31	1	2	3	4

Wekenenn
hari minggu

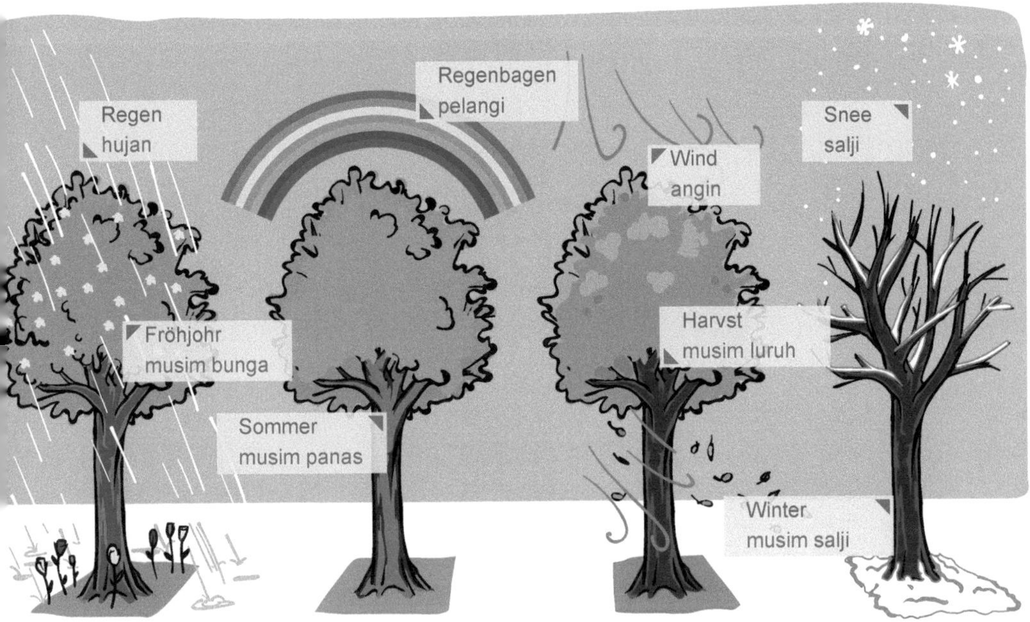

Regen
hujan
Regenbagen
pelangi
Snee
salji
Wind
angin
Fröhjohr
musim bunga
Harvst
musim luruh
Sommer
musim panas
Winter
musim salji

4.APRIL 11°
5.APRIL 4°
6.APRIL 13°
7.APRIL 8°
8.APRIL 10°

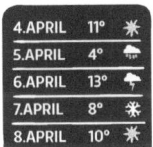

Wedervörhersaag
ramalan cuaca

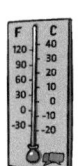

Thermometer
termometer

Sünnenschien
sinar matahari

Wulk
awan

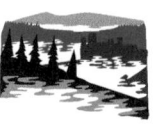

Nevel
kabus

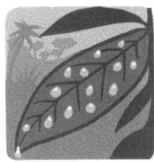

Luftfuchtigkeit
lembapan

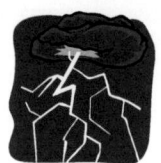

Blitz
....
kilat

Dunner
....
petir

Storm
....
ribut

Hagel
....
hujan batu

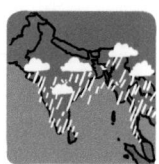

Monsun
....
monsun

Floot
....
banjir

Ies
....
ais

Januormaand
....
Januari

Februormaand
....
Februari

Martmaand
....
Mac

Aprilmaand
....
April

Maimaand
....
Mei

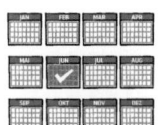

Junimaand
....
Jun

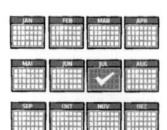

Julimaand
....
Julai

Augustmaand
....
Ogos

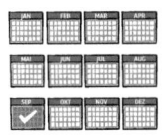

Septembermaand

September

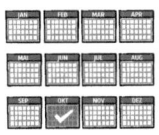

Oktobermaand

Oktober

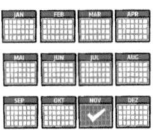

Novembermaand

November

Dezembermaand

Disember

Formen
bentuk

Krink

bulatan

Quadrat

petak

Rechteck

segi empat tepat

Dreeeck

segitiga

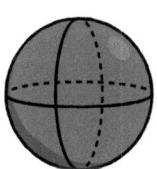

Kugel

sfera

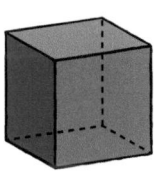

Wörpel

kiub

witt

putih

geel

kuning

orangsch

oren

pink

merah jambu

root

merah

lila

ungu

blau

biru

gröön

hijau

bruun

coklat

gries

kelabu

swart

hitam

veel / wenig

banyak / sedikit

böös / verdreeglich

marah / tenang

smuck / mies

cantik / hodoh

Begünn / Enn

bermula / tamat

groot / lütt

besar kecil

hell / düüster

terang / gelap

Broder / Süster

abang / kakak

schier / schietig

bersih / kotor

kumpleet / nich kumpleet

lengkap / tidak lengkap

Dag / Nacht

hari / malam

doot / lebennig

mati / hidup

breet / small

luas / sempit

geneetbor / nich geneetbor

boleh dimakan / tidak boleh dimakan

böös / fründlich

jahat / baik

fickerig / langwielt

teruja / bosan

dick / dünn

gemuk / kurus

toeerst / toletzt

pertama / terakhir

Fründ / Fiend

kawan / musuh

vull / leddig

penuh / kosong

hart / week

keras / lembut

swoor / licht

berat / ringan

Smacht / Döst

lapar / dahaga

krank / gesund

sakit / sihat

nich na't Recht / na't Recht

menyalahi undang-undang / undang-undang

klook / dummerhaftig

pintar / bodoh

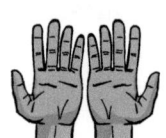

linkerhand / rechterhand

kiri / kanan

neeg / feern

dekat / jauh

Gegendelen - berlawanan

nieg / bruukt

baru / lama

nix / wat

tiada / sesuatu

oolt / jung

tua / muda

an / ut

hidup / mati

apen / slaten

terbuka / tertutup

lies / luut

diam / bising

riek / arm

kaya / miskin

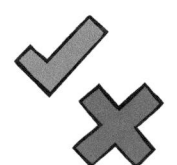

richtig / verkehrt

betul / salah

ruug / glatt

kasar / halus

trurig / glücklich

sedih / gembira

kort / lang

pendek / panjang

suutje / flink

lambat / laju

natt / dröög

basah / kering

warm / köhl

panas / sejuk

Krieg / Freden

berperang / berdamai

0

null

sifar

1

een

satu

2

twee

dua

3

dree

tiga

4

veer

empat

5

fief

lima

6

söss

enam

7

söven

tujuh

8

acht

lapan

9

negen

sembilan

10

teihn

sepuluh

11

ölven

sebelas

12

twölf

dua belas

13

dörteihn

tiga belas

14

veerteihn

empat belas

15

föffteihn

lima belas

16

sössteihn

enam belas

17

söventeihn

tujuh belas

18

achtteihn

lapan belas

19

negenteihn

Sembilan belas

20

twintig

dua puluh

100

hunnert

ratus

1.000

dusend

ribu

1.000.000

million

juta

Engelsch

Bahasa Inggeris

Amerikaansch Engelsch

Bahasa Inggeris Amerika

Chineesch Mandarin

Bahasa Cina Mandarin

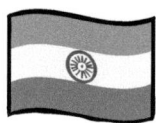

Hindi

Bahasa Hindi

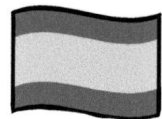

Spaansch

Bahasa Sepanyol

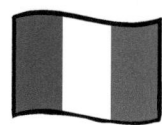

Franzöösch

Bahasa Perancis

Araabsch

Bahasa Arab

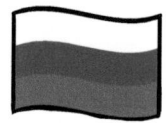

Rusch

Bahasa Rusia

Portugiesch

Bahasa Portugis

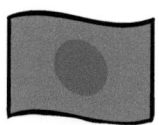

Bengaalsch

Bahasa Benggali

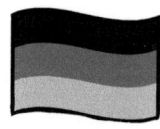

Düütsch

Bahasa Jerman

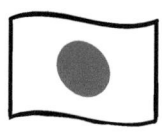

Japaansch

Bahasa Jepun

ik
saya

du
anda

he / se / dat
dia / dia / ia

wi
kita

ji
anda

se
mereka

keen?
siapa?

wat?
apa?

woans?
bagaimana?

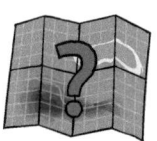

woneem?
di mana?

wannehr?
bila?

Naam
nama

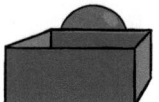

achter

belakang

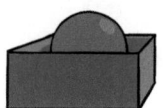

in

dalam

vör

di hadapan

över

lebih

op

pada

ünner

di bawah

blangen

bersebelahan

twüschen

antara

Oort

tempat